AF375552

LOS BEATLES

La banda sonora de toda una generación

Por Florian Babusiaux
Traducido por Laura Bernal Martín

Historia **50MINUTOS**.es

THE BEATLES, LA BANDA SONORA DE LOS AÑOS SESENTA

DE LIVERPOOL A LA CONQUISTA DEL MUNDO ENTERO

- **¿Miembros?**
  - John Lennon (9 de octubre de 1940, Liverpool-8 de diciembre de 1980, Nueva York).
  - George Harrison (25 de febrero de 1943, Liverpool-29 de noviembre de 2001, Los Ángeles).
  - Paul McCartney (18 de junio de 1942, Liverpool).
  - Ringo Starr (7 de julio de 1940, Liverpool).
- **¿Principales aportaciones?** Estos cuatro músicos forman una de las bandas de pop-rock británico más importantes de todos los tiempos, que tiene un tremendo impacto tanto musical como cultural en todo el mundo. Es el grupo más vendido de la historia, con 2000

millones de discos vendidos en todos los rinco-
nes del planeta.

Hoy en día, todo el mundo sabe quiénes son los Beatles. Estos cuatro chicos de Liverpool (Inglaterra) alcanzan la fama durante la década de 1960 con éxitos que dejan huella en la época y actualmente siguen siendo célebres. Y es que... ¿quién no ha oído nunca *Love me do* (1962), tarareado *From me to you* (1963) o cantando *All you need is love* (1967)?

Los Beatles son un reflejo de la transformación de la sociedad de su época y, a su vez, una gran transformación en sí mismos. Abren los Estados Unidos a los grupos británicos, escriben más de 200 canciones y, hoy en día, son los que más álbumes han vendido de la historia, con más de 2000 millones de ejemplares. Son incluso pioneros en lo que a música *rock* y a técnicas de grabación en estudio se refiere. Por ejemplo, son los primeros que dan conciertos en estadios o que integran solos invertidos en sus canciones.

Pero, ¿sabías que los Beatles no siempre se llamaron así? ¿Que inventaron el concepto de «canción oculta»? ¿O que el impacto de la banda no se limita a su década de actividad, ni solo al mundo de la música? Para descubrir esto y mucho más, sumérgete con nosotros en el corazón de los «Golden Sixties», unidos para siempre, tanto musical como culturalmente, a la banda británica.

BIOGRAFÍA

| Los Beatles en el aeropuerto Kennedy, el 7 de febrero de 1964.

JUVENTUD, ENCUENTRO Y COMIENZOS (DE 1950 A 1961)

John Lennon, George Harrison, Paul McCartney y Richard Starkey, más conocido como Ringo Starr, nacen en familias modestas de Liverpool, donde pasan toda su infancia. George y Paul acuden a la misma escuela, el Liverpool Institute, y se hacen amigos en sus primeros años de adolescencia. A mediados de la década de 1950, John, mayor que ellos e inscrito en otra escuela, todavía no coincide con los primeros. Ringo, por su parte, deja la escuela entre 1954 y 1955 y realiza trabajos aquí y allá antes de conocer a sus futuros compañeros.

Paul McCartney y George Harrison conocen a John Lennon y se unen a su grupo de aquel entonces, los Quarrymen. McCartney lo hace en 1957, y Harrison un año después. John es el líder de la banda, canta y toca la guitarra. La estructura del grupo evoluciona poco a poco, y en 1960 solo quedan Lennon, McCartney (segunda guitarra y voz) y Harrison (guitarra solista), a los que pronto se les une Pete Best (batería británico nacido en 1941) a la batería y Stuart Sutcliffe (pintor y músico británico, 1940-1962) al bajo. La banda da algunos conciertos en Liverpool y sus alrededores antes de poder actuar en clubes de Hamburgo (Alemania).

Allí, la banda se sumerge en la vida nocturna y vive condiciones difíciles, pero los cuatro chicos aprenden mucho, perfeccionan su manera de tocar y se hacen amigos de Ringo Starr, batería en otra banda inglesa que toca en la ciudad, Rory Storm & the Hurricanes.

EL ÉXITO DE LA BEATLEMANÍA (1962-1965)

En 1962, la banda solo está formada por Lennon (voz y guitarra), Harrison (guitarra solista), McCartney (bajo) y Starr (batería), elegido para sustituir a Best, despedido en agosto. Un año antes, Sutcliffe había decidido dedicarse solo al arte, su gran pasión. La banda lanza con estos miembros el que será su primer éxito, *Love me do.*

Siguiendo el consejo de su nuevo mánager, Brian Epstein (1934-1967), los Beatles cuidan su aspecto. Hasta ahora vestidos a la moda del rocanrol —con botas puntiagudas, vaqueros y chaquetas de cuero— y luciendo peinados a lo Elvis Presley (cantante y actor estadounidense, 1935-1977), finalmente adoptan cortes a tazón y traje y corbata.

El segundo tema de la banda, *Please please me* (1963), se coloca en lo alto de las listas de éxitos del Reino Unido y permite al grupo grabar un primer álbum homónimo en febrero de 1963.

A partir de ese momento, los Beatles encadenan éxitos como *From me to you, I want to hold your hand* (1963) y *She loves you* (1963) y se dan a conocer en toda Inglaterra. A principios de 1964, se van de gira por los Estados Unidos y cosechan un gran éxito. Es el comienzo de la «Beatlemanía», ese fervor generalizado por la banda que abruma a los vendedores de discos, a las jóvenes fuera de sí gritando tanto que impiden escuchar en los conciertos, o incluso desmayándose en medio de un espectáculo... Cada álbum de la banda sube a lo más alto de las listas mientras que sus sencillos se convierten sistemáticamente en números uno hasta 1967. La banda realiza giras, produce álbumes, graba películas y realiza espectáculos de todo tipo a un ritmo desenfrenado.

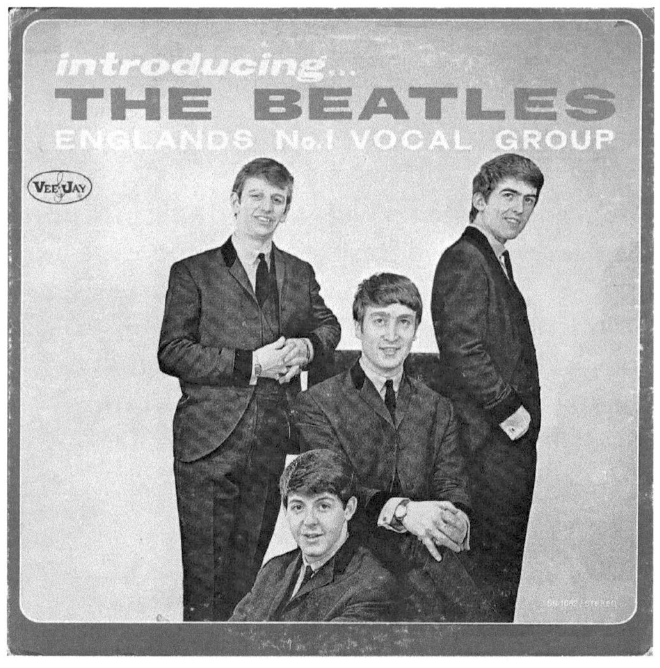

| Vinilo de los Beatles *Introducing... the Beatles*, 1964 (Estados Unidos).

REGRESO A LOS ESTUDIOS Y SEPARACIÓN (1966-1970)

En 1966, cansados de vivir a este ritmo sumidos en la locura que los rodea, los Beatles deciden dejar de realizar giras para concentrarse en el trabajo de estudio.

<u>**El grupo que rompe todos los récords**</u>

El 15 de agosto de 1965, la banda alcanza un nuevo récord de asistencia cuando tocan en el Shea Stadium de Nueva York. Este concierto atrae a entre 55 000 y 60 000 espectadores, una actuación nunca antes igualada en la época. Es incluso la primera vez en la historia de la música popular que un grupo toca en un estadio.

Los cuatro hombres explotan entonces todas las posibilidades sonoras y musicales a su disposición. Sus canciones se vuelven cada vez más innovadoras y las letras se van haciendo más y más profundas a medida que la construcción musical de las canciones se hace más compleja. Durante este período nacen grandes álbumes como *Sgt. Pepper's Lonely Hearts Club Band* (1967) o *Abbey Road* (1969), verdaderos monumentos de la cultura *rock*.

LOS BEATLES Y LA TELEVISIÓN

En 1967 sale a la luz la célebre *All you need is love*. El 25 de junio, los Beatles la tocan en directo en el primer programa de televisión en vivo de alcance global, *Our World*. Se calcula que aproximadamente 350 millones de personas asisten al espectáculo en directo.

En 1968 acaban apareciendo tensiones dentro del grupo. Yoko Ono (artista japonesa nacida en 1933), pareja oficial de John Lennon, lo acompaña cada vez más a menudo al estudio, lo que molesta al resto de la banda.

| John Lennon y Yoko Ono en Ámsterdam, marzo
de 1969.

Además, cada vez se divierten menos tocando con los demás. Las tensiones son tales que Ringo Starr y George Harrison abandonan la banda por unas semanas —a finales de 1968 y principios de 1969, respectivamente—, pero después regresan. Tras las sesiones de grabación de *Abbey Road*, es Lennon el que anuncia que deja la banda.

Finalmente, los Beatles anuncian al mundo que se separan oficialmente en 1970. El grupo nunca se vuelve a formar de manera oficial. John Lennon muere en 1980, asesinado por un desequilibrado, mientras que George Harrison fallece en 2001 víctima de un cáncer generalizado. Paul McCartney y Ringo Starr siguen vivos y se mantienen muy activos en el mundo de la música.

CONTEXTO

Los Beatles permanecerán para siempre unidos a los años sesenta. En 1960, acuden a Hamburgo para cumplir su primer contrato real y acaban por adoptar el nombre de «Beatles». En 1963 lanzan su primer álbum, *Please please me*, y en 1970, hacen lo propio con el último, *Let it be*. Ese mismo año la banda se desintegra. Estas son solo algunas de las razones por las que los Beatles no pueden separarse de años sesenta: son un producto puro de la década, que abraza y populariza las diferentes modas de la época.

Desde el corte de pelo a tazón del principio de su carrera hasta el psicodelismo de la segunda mitad de los años 1960, los Beatles contribuyen a extender por todo el mundo un determinado estilo de vida y una determinada visión del mundo. En definitiva, un espíritu que no se puede disociar de la época.

LA LLEGADA DE LA SOCIEDAD DE CONSUMO

Entre 1946 y 1973, los países desarrollados entran en un período de crecimiento sin precedentes. Este período de unos treinta años, llamado los Treinta Gloriosos, es testigo del desarrollo de la economía mundial y del inicio del proceso de globalización. Estos fenómenos van acompañados de la amplia adopción de un nuevo modelo económico: el consumo masivo. Así, el poder adquisitivo de los países desarrollados se triplica, y los hogares gastan cada vez más en educación, automóviles, entretenimiento y ocio.

Además, en el plano científico se realizan muchos avances que influirán en el surgimiento de esta cultura de masas. La televisión, por ejemplo, permite retransmitir grandes eventos internacionales, mientras que la radio es ahora accesible en todos los hogares. Los Beatles podrán aprovechar la irrupción de esta sociedad de consumo y las nuevas posibilidades técnicas para darse a conocer entre un enorme grupo de personas y ganar popularidad.

DROGAS, SEXO, ROCANROL Y CONTROVERSIAS

Los años sesenta son también los del estallido de la guerra de Vietnam (1954-1975), que deja una profunda huella en una parte de la población. También aparecen los primeros movimientos de protesta contra la misma. Estos movimientos adoptan la forma de manifestaciones, huelgas generales y concentraciones masivas. En 1969, durante el festival de Woodstock (un festival de música que se convierte en uno de los símbolos de la cultura *hippie* debido al inesperado éxito que cosecha), artistas como Jimi Hendrix (músico y cantante estadounidense, 1942-1970) aprovechan la oportunidad para expresar su oposición a esta guerra. Los Beatles, y en particular John Lennon, se unen al movimiento de protesta contra la guerra de Vietnam a finales de la década.

Existen otros movimientos de protesta que apuntan al funcionamiento de la sociedad de consumo, considerada como un mundo de conformismo y esclavitud del individuo.

Estos movimientos de protesta heterogéneos

acaban por dar lugar a una contracultura. Así, en la segunda mitad de la década, aparece el movimiento *hippie*, primero en los Estados Unidos y luego en Europa. Los iniciadores de este movimiento, jóvenes de clases sociales privilegiadas, abogan por el rechazo de las convenciones sociales, destierran toda forma de violencia y desean el retorno a la naturaleza y la liberación sexual.

Los *hippies*, seguidores de la conocida frase «Flower Power» («el poder de la flor»), tienden a juntarse para crear comunidades de vida que comparten referencias comunes: música anglosajona representada entre otros por Bob Dylan (autor, compositor y cantante estadounidense, nacido en 1941) y Pink Floyd (banda de *rock* británica, formada en 1965), un cierto interés por las drogas alucinógenas y una atracción por las filosofías y las religiones orientales. A partir de entonces, el budismo, el yoga, la meditación zen y los mantras (fórmulas cortas y sagradas que se repiten a un ritmo determinado) se ponen de moda.

Los Beatles no son una excepción. Su álbum *Sgt. Pepper Lonely Hearts Club Band* de 1967 se considerará un himno absoluto al movimiento *hippie.* También viajarán a la India durante los primeros meses de 1968 y se dedicarán a la meditación. El más influido por la filosofía y la música oriental será George Harrison.

Junto a estas filosofías de vida se desarrolla un movimiento contracultural, muy de moda desde mediados de la década: el psicodelismo. El adjetivo «psicodélico» significaría etimológicamente «que hace visible el alma (o el espíritu)»[1] (Tillery 2011, 60). Ser seguidor del psicodelismo significa estar interesado en intentar verse a uno mismo en un estado psíquico alterado. Para lograrlo, se deben tomar sustancias alucinógenas que exacerban las sensaciones del individuo y pueden hacerle alucinar. Se supone que el uso de estas drogas debe facilitar un viaje al interior de uno mismo y abrir la propia conciencia a percepciones intensificadas.

Los Beatles, en particular George Harrison y John Lennon, utilizarán LSD en numerosas ocasiones con el objetivo de realizar estos viajes introspectivos. Estas drogas tendrán un efecto decisivo en las letras y sonoridades de muchas de las

---

1. Cita traducida por 50Minutos.es

canciones de la banda, especialmente durante el período de 1965 a 1967.

El resumen, una década de ruptura

Durante los «Sixties» tiene lugar una oleada de revoluciones: artística, cultural, científica, tecnológica, económica y hasta sexual y moral. Estas transformaciones se producen de manera progresiva y se intensifican en la segunda mitad de la década.

La joven generación de esta época, la de la posguerra, impone sus gustos musicales, su forma de vestir y sus códigos lingüísticos. La división generacional se hace sentir aún más con la aparición del movimiento *hippie*. Los jóvenes manifestantes quieren romper con la generación de sus padres. Quieren deshacerse de los yugos espirituales y sexuales predominantes en aquel entonces para escapar de esta sociedad en la que no se reconocen y fundar un mundo basado en los valores de la paz, el amor y la solidaridad.

Los Beatles, fruto de esta generación, son perfectos representantes de la mayoría de las aspiraciones de esta juventud. Son tanto un «producto puro» de los años 1960 como instigadores de ciertos cambios, y todo esto les lleva a transformar su década y a hacerla tan característica.

MOMENTOS CLAVE

DE LIVERPOOL A HAMBURGO, EL LUGAR EN EL QUE SE FORMAN

El 6 de julio de 1957, Paul McCartney —que no es más que un adolescente de 15 años— conoce en las fiestas del pueblo de Woolton, en los suburbios de Liverpool, a John Lennon, de 17 años. Pero está lejos de imaginar que se encuentra ante la persona con la que escribirá más de 200 canciones y con la que alcanzará una fama mundial. Tampoco George Harrison es consciente de hasta dónde llegará la banda a la que se une con solo 14 años, después de pasar una audición realizada una noche por Lennon en un autobús de dos pisos vacío.

Sin embargo, sus comienzos son difíciles. Con la retribución que se les ofrece por tocar en diferentes clubes de Liverpool, como el Jacaranda Club o el Cavern Club, apenas ganan nada. Aunque hacer dinero no es una prioridad para los futuros Fab Four (los «cuatro fantásticos»), quieren vivir de la música.

En agosto de 1960 obtienen su primer contrato serio (en ese momento la banda está formada por Lennon, McCartney, Harrison, Sutcliffe y Best), que les ofrece el dueño de uno de los clubes del Liverpool en los que tocaban, Allan Williams (agente artístico, 1930-2016). Se trata de tocar en clubes en la ciudad alemana de Hamburgo. Durante esta primera gira, el grupo vive en condiciones relativamente difíciles. Toca regularmente desde el principio de la tarde hasta la madrugada, frecuenta prostitutas, marineros borrachos y excombatientes militares que buscan pelea, y vive en la incomodidad: a veces no tienen alojamiento y se ven obligados a lavarse en los cuartos de baño de los clubes.

Sin embargo, ninguno de los Beatles se arrepentirá nunca de este período, y afirmarán haber aprendido mucho de él. También es en esta época cuando Paul McCartney cambia la guitarra por el bajo (tras la temprana muerte de Stuart Sutcliffe en 1962 como consecuencia de una hemorragia cerebral) y la banda traba amistad con Ringo Starr, que acabará reemplazando a Pete Best a la batería.

<u>Los Beatles en Hamburgo</u>

Entre 1960 y 1962, los Beatles realizan cinco estancias en Hamburgo. La primera comienza en agosto de 1960 y termina en noviembre del mismo año, cuando George Harrison es expulsado de Alemania: todavía es menor de edad, por lo que no puede trabajar en el país. Los Beatles no regresan a Alemania hasta marzo de 1961, cuando George ha alcanzado la mayoría de edad. Su última estancia tiene lugar en diciembre de 1962.

EPSTEIN, MARTIN Y *LOVE ME DO*

En 1961, los Beatles conocen a Brian Epstein, un vendedor de discos de Liverpool que se convierte en su agente artístico. Es él quien los empuja a colgar los vaqueros y las cazadoras de cuero y comenzar a usar traje con el fin de mejorar su imagen y aumentar así las posibilidades de tocar en salas cada vez más grandes y elegantes. Epstein recorre las compañías discográficas y lucha por encontrar un contrato de grabación con la banda. Al principio, no lo logra.

George Martin (1926-2016), productor de Parlophone, es el que les abre la puerta y les hace pasar una audición. Ve potencial en la banda, pero no le gusta el batería, Pete Best. Entonces, este es despedido y el grupo recluta a Ringo Starr para reemplazarlo.

En septiembre de 1962, los Beatles graban su primer sencillo, *Love me do*. Aunque solo llega a ser n.º 17 en las listas de éxitos británicas, suena cada vez más en la radio, para gran satisfacción de los miembros de la banda. En enero del año siguiente lanzan una segunda canción, *Please please me*, que se catapulta a la primera posición. Esto permite al grupo grabar su primer álbum completo, *Please please me*, que sale a la venta en marzo de 1963.

El sencillo ocupa el primer puesto en la lista de éxitos durante siete meses y extiende la popularidad de los Beatles por toda Inglaterra. En 1963 aparecen las canciones *From me to you* y *She loves you*, ambas número uno de ventas de sencillos. Estas canciones amplían la popularidad de los Beatles a todo el continente, dando lugar a lo que la prensa británica llama «Beatlemanía».

UN GRUPO AL QUE NO LE FALTA EL HUMOR

Los Beatles también son muy apreciados por su humor característico y a veces ligeramente provocativo. El 4 de noviembre de 1963 actúan frente a la familia real inglesa en el Teatro Príncipe de Gales de Londres. Antes de comenzar la canción final del concierto, la bailable *Twist and shout* (1963), John Lennon le dice al público presente en la sala: «Por favor, en este tema quiero que todos participen. Los que están en los asientos más baratos, aplaudan; el resto, basta con que sacudan sus joyas» (Cinco Días 2011).

LA CONQUISTA DE AMÉRICA

Este fervor se extiende enseguida por otros continentes. Así, el grupo conoce el éxito en los Estados Unidos, patria de las principales influencias musicales del grupo: Chuck Berry (1926-2017), Elvis Presley, Buddy Holly (1936-1959) o Eddie Cochran (1938-1960).

El 13 de enero de 1964 se lanza en los Estados

Unidos el famoso sencillo *I want to hold your hand*, que se convierte en número uno a principios de febrero. Esto motiva a los Beatles a emprender una gira al otro lado del Atlántico. De hecho, según John Lennon, estaba fuera de lugar para la banda viajar a América antes de tener una canción en los primeros puestos de las listas de éxitos estadounidenses. Lo que pretendía era evitar a toda costa que la banda fuera mal recibida y experimentara un amargo fracaso. El 7 de febrero, el grupo aterriza en la ciudad de Nueva York, donde le espera una enorme multitud formada por varios miles de jóvenes extasiados. Pocos días después, interpretan cinco canciones en el conocido *Ed Sullivan Show*. El récord de audiencia del programa se dispara: unos 73 millones de espectadores estadounidenses ven la retransmisión en directo. Los cuatro chicos de Liverpool han conquistado definitivamente a los Estados Unidos.

Los Beatles son el primer grupo de pop británico en tener tanto éxito a este lado del océano, abriendo así el camino a otras bandas de rock británicas como los Rolling Stones, The Kinks o The Who, formadas en 1962, 1963 y 1964 respectivamente. Los Beatles aún mantienen el récord absoluto de ventas de discos en los Estados Unidos con casi 210 millones de álbumes vendidos.

DESPUÉS DE EUROPA Y AMÉRICA FALTA CONQUISTAR EL RESTO DEL MUNDO

A partir de este momento, los Beatles se encuentran en el ojo de un imparable huracán. Entre 1963 y 1966, el grupo multiplica los proyectos: saca siete álbumes, rueda dos películas (tituladas *¡Qué noche la de aquel día!* (1964) y *¡Socorro!* (1965), y realiza varias giras mundiales. Todos sus sencillos y álbumes cosechan un éxito de alcance prácticamente mundial y llegan sistemáticamente a liderar las listas de éxitos, y no solo en Gran Bretaña. Habrá que esperar a febrero de 1967 para que uno de sus sencillos, el *single* de doble cara *Strawberry Fields Forever/Penny Lane*, solo llegue al segundo puesto en Gran Bretaña, conservando el número uno en los Estados Unidos.

Este inmenso éxito mundial se confirma sobre

todo con la canción *Yesterday* (1965), compuesta, grabada e interpretada en concierto por Paul McCartney, aunque pertenece al álbum *Help!* De hecho, se convertirá en la canción más reproducida de la historia de la humanidad y la más versionada del siglo XX, con prácticamente 3000 versiones oficiales.

FIN DE LAS GIRAS, DROGA Y RECOMPENSA

Los años 1965 y 1966 fueron decisivos para el grupo. Los discos *Rubber Soul* y *Revolver*, que según George Harrison habrían podido formar un solo álbum, marcan un movimiento hacia letras más filosóficas e introspectivas. Se llevan a cabo durante un período en el que el grupo descubre la marihuana junto a Bob Dylan, pero también el LSD, una droga que en esa época aún no se considera ilícita.

El uso de estos narcóticos abre nuevas vías para los Beatles, que se basan en sus experiencias bajo el efecto de estos para añadir nuevos colores y sonoridades a sus canciones, a la vez que profundizan sus letras.

El descubrimiento del LSD

Los primeros Beatles en descubrir el LSD fueron, sin saberlo, John Lennon y George Harrison. En abril de 1965, un amigo en común, dentista, les invitó a su casa. Después de cenar juntos, su anfitrión añadió discretamente LSD a sus respectivos cafés. Esta experiencia será memorable para ambos músicos, especialmente para Lennon, que se convertirá en un gran consumidor. Paul McCartney es el último miembro del grupo que da el paso, en 1966.

Así pues, *Rubber Soul* (1965) es el primer álbum de la banda que no solo contiene canciones relacionadas de una manera u otra con las chicas o el amor, como lo demuestra la canción *Nowhere man* (1965), en la que John Lennon hace su propia introspección. Es también el primer álbum de la banda que no incluye una versión de algún clásico del rocanrol, algo que los Fab Four habían hecho hasta el momento para ganarse el apoyo de sus primeros fans: los que les escucharon tocar canciones de rocanrol puro en los clubes de Liverpool o de Hamburgo entre 1960 y 1962.

Así, ofrecen un álbum más personal y un conjunto de canciones más coherente que los anteriores, algo que caracterizará la mayoría de sus discos posteriores. Su aspecto también cambia poco a poco: los Beatles se dejan el pelo largo y visten otros trajes.

Una condecoración controvertida

En octubre de 1965, en reconocimiento a toda su carrera y a la imagen positiva de Inglaterra que dan en el extranjero, los cuatro beatles son galardonados con la medalla al Miembro de la Orden del Imperio Británico, la MBE («Member of the British Empire», por sus siglas en inglés) por la Reina Isabel II (nacida en 1926).

Sin embargo, otros premiados, principalmente veteranos de la Segunda Guerra Mundial (1939-1945) y líderes militares, rechazan sus medallas en protesta, afirmando estar sorprendidos de que se les coloque al mismo nivel que simples «cantantes pop».

El que los años 1965-1966 sean un período crucial para los Beatles se debe también al cese progresivo de las giras. De hecho, la banda está agotada por la Beatlemanía y harta de las condiciones en las que se celebran sus conciertos. John Lennon dirá en este sentido: «Nuestros conciertos ya no tienen nada que ver con la música. No son más que putos ritos tribales. Podríamos mandar nuestras figuras de cera y las masas quedarían satisfechas» (Camero 2009).

Además, los miembros de la banda están cansados de no poder visitar ciudades o simplemente salir a la calle sin ser asediados por decenas de seguidores histéricos. «El único momento en el que estábamos más o menos tranquilos [dirá George Harrison] era cuando íbamos a la suite del hotel y nos encerrábamos en el cuarto de baño»[1] (The Beatles 2000, 155).

Además, los álbumes *Rubber Soul* y *Revolver* incluyen muchos sonidos experimentales y técnicas de grabación innovadoras que son imposibles de reproducir en el escenario, como los solos de guitarra grabados en sentido inverso. Como resultado, durante las giras el grupo se encuentra limitado: deben continuar tocando los clásicos de rocanrol que les han catapultado al éxito, pero que ya tocaban cinco años atrás en Hamburgo.

---

1. Cita traducida por 50Minutos.es

El 29 de agosto de 1966, en San Francisco, los Beatles ofrecen el que será el penúltimo concierto de toda su carrera como banda (su concierto final será un espectáculo improvisado en la azotea del edificio de su estudio de grabación, Apple Corps, el 30 de enero de 1969). Los años siguientes son solo «años de estudio» para la banda, sin que por ello su popularidad disminuya.

¿EL PRIMER ÁLBUM CONCEPTUAL DE LA HISTORIA DEL ROCK?

En junio de 1967 se publica el famoso álbum *Sgt. Pepper's Lonely Hearts Club Band*. Este álbum conceptual revoluciona la industria discográfica por su singular naturaleza e incluso será considerado por algunos círculos como la mejor obra de *rock* de la historia de la humanidad.

Este álbum se califica como «concepto» porque no es una simple sucesión de canciones claramente separadas entre sí:

- la banda se obliga a conectar algunas canciones entre sí, para que el final de una se corresponda con el principio de la siguiente desde un punto de vista sonoro;

- todo el álbum está pensado sobre el concepto de una banda de música, la de «El club de los corazones solitarios el Sargento Pimienta», que daría un espectáculo continuo durante todo el álbum, lo que dota a este de una gran coherencia: la primera canción (epónima) presenta a la banda de música («Somos la banda del club de los corazones solitarios del Sargento Pimienta/ Esperamos que disfruten del espectáculo/ Somos la banda del club de los corazones solitarios del Sargento Pimienta / Pónganse cómodos y disfruten de la velada»[2], The Beatles s. f.), mientras que la penúltima canción es una repetición de la primera, pero tocada más deprisa y en otro tono;
- la portada del álbum es totalmente innovadora: se puede abrir, contiene una bolsa de sorpresas de tesoros para recortar y una transcripción de las letras de las canciones.

UN FINAL DE AÑO DIFÍCIL

El 27 de agosto de 1967, al final del famoso «Summer of love», Brian Epstein (mánager de los Beatles desde 1961) es encontrado muerto en su

---

2. Cita traducida por 50Minutos.es

casa de Londres, después de una sobredosis de barbitúricos. Esta muerte afecta profundamente al grupo, al que le cuesta recuperarse.

El «Summer of love»

El «verano del amor» se refiere a la temporada estival de 1967, que ve la consagración del movimiento *hippie*. Nace en el Human Be-In, un encuentro *hippie* espontáneo que tuvo lugar en el Golden Gate el 14 de enero de 1967, en Haight-Ashbury, San Francisco. Allí, cientos de personas se reunieron para compartir música y drogas. Recibió una enorme cobertura mediática.

Este éxito atrajo a cerca de 100 000 jóvenes de todo el mundo unos meses después, durante las vacaciones de verano. Así, estos jóvenes vivieron una experiencia *hippie* de largo alcance, donde se preconizaba una libertad total. Sin embargo, el sexo, las drogas y la violencia fueron deteriorando poco a poco el barrio que acogió el evento, provocando que los participantes abandonaran el recinto y firmando así el final del verano del amor.

1967 también es el año en que se estrena su primera película como codirectores, *Magical Mystery Tour*, además de un álbum homónimo. Desafortunadamente para la banda, la película musical no es bien recibida por los críticos, ya que la ausencia de colores no les permite hacer justicia a la dimensión psicodélica de su trabajo. En general, se considera que este contratiempo es el primer fracaso de los Beatles.

Durante este período, influidos en gran medida por el movimiento *hippie*, los Beatles se dejan el pelo cada vez más largo y dejan de afeitarse la barba y el bigote. Además, se visten a la moda: con camisas muy coloridas, pantalones anchos y trajes de colores vivos.

INDIA, EL ÁLBUM BLANCO Y LAS PRIMERAS DISENSIONES

Al año siguiente, seducidos por las filosofías orientales de moda, los Beatles viajan durante varias semanas a la India, a Rishikesh, junto al Maharishi (título honorífico del hinduismo) Mahesh Yogi (1917-2008), para explorar con mayor precisión las sutilezas de la meditación trascendental.

Cuando no están aprendiendo a meditar con el Maharishi, los Beatles se dedican a componer. Se muestran muy prolíficos: se estima que durante esta estancia de unas semanas, el grupo compone más de cuarenta canciones. Muchas de ellas aparecen en su siguiente trabajo, el álbum doble sobriamente titulado *The Beatles*, pero conocido sobre todo como el álbum blanco («The white album») debido a su cubierta, de un blanco inmaculado.

| Portada del álbum blanco, 1968.

Las sesiones de grabación de este álbum no van muy bien. En 1968, John Lennon es oficialmente pareja de Yoko Ono, cada vez más presente en el estudio. La pareja de un beatle nunca antes había penetrado tanto en la intimidad de la banda, y la atmósfera es tensa. Las relaciones entre los miembros se deterioran, tanto que Ringo Starr abandona la banda durante unas semanas, antes de regresar en el otoño de 1968. La intervención de músicos externos, como el guitarrista británico Eric Clapton (nacido en 1945), invitado por George Harrison para la magnífica canción *While my guitar gently weeps* (1968), ayuda a aliviar estas tensiones en un principio.

UN ÚLTIMO ARREBATO ANTES DE LA SEPARACIÓN: *ABBEY ROAD*

Sin embargo, los miembros de la banda se entienden cada vez peor, y las disensiones se intensifican en enero de 1969. Entonces, McCartney se embarca en un proyecto llamado «Get back», que consiste en grabar los ensayos antes de que la banda aparezca tocando en directo al final de la película. Se tocan un centenar de canciones, pero el proyecto no tiene éxito. El resto de la banda no logra acostumbrarse a la presencia constante de Yoko Ono en los estudios.

También pesa mucho sobre los demás miembros el comportamiento de Paul McCartney, que quiere controlarlo todo constantemente. En el documental *The Beatles Anthology* podemos ver una ilustración de la atmósfera en la que se desarrolla el proyecto. George Harrison, visiblemente abrumado, responde a Paul McCartney, que intenta decirle cómo tocar un *riff* de guitarra: «Tocaré lo que quieras que toque o no tocaré nada si así lo quieres. ¡Haré lo que sea para hacerte feliz!» (Aspinall y Chipperfiel 2003). George abandona la banda en enero de 1969 durante unos diez días, antes de regresar.

Finalmente, en agosto de 1969, todos se tranquilizan para lograr grabar el que sigue siendo uno de los álbumes pop-rock más famosos de todos los tiempos, *Abbey Road*. Todo el mundo conoce la foto que sirve de portada para el álbum, tomada el 8 de agosto de 1969 en el paso de cebra de la famosa calle de Londres del mismo nombre. Las canciones del álbum evocan regularmente las dificultades que atraviesa la banda. En este álbum aparecen *Here comes the sun* (1969) y *Something* (1969), compuestas por Harrison, cuyo talento como compositor había sido hasta entonces poco reconocido tanto por el público como por sus compañeros. Estas canciones consagran al guitarrista del grupo como autor/compositor al mismo nivel que Lennon y McCartney.

La innovación de la canción oculta

El álbum *Abbey Road* también es conocido por albergar la que se considera la primera «canción oculta» de la historia del *rock*. El título de *Her Majesty* cantado por Paul McCartney, una canción corta de aproximadamente 30 segundos, suena 15 segundos después de la última canción de los créditos, *The end*, y no aparece en la portada del álbum.

La confección de este álbum será la última oportunidad de ver los cuatro beatles en el estudio. Una vez que las sesiones terminan, McCartney propone hacer giras por salas pequeñas para recuperar la química de antaño, pero John Lennon se niega y anuncia que deja la banda para siempre. La noticia de la disolución de los Beatles permanece en secreto hasta abril de 1970, cuando George, John, Paul y Ringo llevan varios meses sin estar en contacto.

Sin embargo, esta ruptura no impide la publicación de un último álbum, *Let it be*, que sale a la venta el 8 de mayo de 1970 en Gran Bretaña. Este duodécimo disco recupera las cintas grabadas a principios del año anterior para el proyecto «Get back». El productor norteamericano Phil Spector (nacido en 1939) obtiene el acuerdo de Lennon y Harrison para acceder a estas grabaciones, que modifica ligeramente añadiendo muchos efectos de sonido. A pesar de todo, el álbum es un éxito.

REPERCUSIONES

El grupo como tal, su obra y los distintos aspectos de la personalidad de cada beatle tienen sin duda alguna enormes repercusiones, principalmente desde el punto de vista sociocultural.

LA MÚSICA: EL PRINCIPAL IMPACTO SOCIOCULTURAL DE LOS FAB FOUR

Aunque el impacto de los Beatles en el medio musical es difícil de cuantificar, no cabe duda de que es inmenso: todavía se siente hoy en día, casi 50 años después de su separación.

De hecho, muchos artistas y bandas de renombre, tanto contemporáneos como posteriores a los Beatles, han afirmado haber sido influenciados por su música. Entre ellos se encuentran los Bee Gees (banda de pop australiano-británica, 1958), los Beach Boys (banda de pop americano, 1961), los Kinks, los Monkees (banda de pop-rock americano, 1965), Pink Floyd, Genesis (banda de *rock* británica, 1967), Nirvana (banda de *rock* alternativo estadounidense, 1987), además de

David Bowie (músico y cantante británico, 1947-2016), Prince (artista estadounidense, 1958-2016), Michael Jackson (músico y cantante estadounidense, 1958-2009) o, más recientemente, Oasis (grupo de *rock* británico, 1991) y Coldplay (grupo de pop-rock británico, 1996).

Siempre hablando desde un punto de vista musical, el dúo Lennon/McCartney, aunque no marca el nacimiento de la figura del compositor-intérprete, contribuye a la difusión de la tendencia. Antes de los Beatles, eran pocos los artistas pop populares que escribían y componían sus propias canciones. Así, Elvis solo escribió dos de las canciones que interpretaba.

Finalmente, las repercusiones musicales de la banda también tienen un profundo impacto en la industria discográfica, a la que revolucionan. Los Beatles redefinen gradualmente la concepción misma del álbum que con ellos deja de ser una recopilación de canciones para convertirse en un verdadero proceso artístico que forma un todo coherente. Esta ambición nace con el álbum *Rubber Soul* y se perpetúa en prácticamente todos los álbumes que le siguen. Su octavo álbum, *Sgt. Pepper's Lonely Hearts Club Band*, inaugura el nacimiento del álbum conceptual.

UN RESPLANDOR MÁS ALLÁ DE LA MÚSICA

En la década de 1960

Obviamente, la influencia de la famosa banda no se detiene ahí. A lo largo de toda su existencia, los Beatles influyen en la sociedad que los rodea, y en particular en la joven generación de la posguerra. En términos de estilo, por ejemplo, muchos jóvenes han copiado el famoso corte a tazón (*moptop* en inglés) que caracteriza a los Beatles de 1962 a 1965.

Su humor, muy británico, maliciosamente retratado en *¡Qué noche la de aquel día!* de Richard Lester (nacido en 1932), ayuda a reforzar su popularidad entre jóvenes y mayores. La película muestra a los jóvenes de todo el mundo unos chicos simpáticos y «cool» con los que pueden identificarse y a los que querrían parecerse.

Pero la banda es especialmente influyente después de 1965, una vez que los Beatles dejan de hacer giras y escriben canciones que ganan tanto en madurez como en reflexión. A partir de ese momento, su música sirve, entre otras cosas, para propagar los ideales de paz y amor del movimiento *hippie* (*All you need is love*), para contar historias poéticas (*Eleanor Rigby*, 1966) y para hacer reflexionar al oyente sobre el contexto político de la época (*Revolution*, 1968).

Sus letras, sus formas de vestir más despreocupadas y extravagantes y su iniciación a las filosofías orientales marcan profundamente a toda una generación de jóvenes. Influenciándose entre sí, la banda y esta juventud contemporánea sacuden juntos los dogmas y los códigos tradicionales relativamente estrictos de la generación anterior a la guerra.

A través de la filosofía, de la poesía y del estilo de vida del grupo, que atrae a muchos seguidores, se puede observar la ruptura con el mundo de la preguerra. Los Beatles encarnan la rebelión de la juventud de los años sesenta contra la buena conciencia y el conformismo de este universo. Junto a los Beatles, pero también con otros artistas de este período, los jóvenes de la época cambian de preocupaciones, prueban nuevas experiencias y adoptan diferentes visiones de la vida y de la sociedad que los rodea.

DESPUÉS DE LOS AÑOS SESENTA

Los Beatles han sido muy parodiados en televisión por comediantes en espectáculos y en series de comedia. Películas como *Locos por ellos* (1978) de Robert Zemeckis (director, productor y guionista estadounidense, nacido en 1952), o más recientemente la película musical *Across the universe* (2007) de Julie Taymor (directora y guionista estadounidense, nacida en 1952), se centran en la historia, la música y el estilo de vida de la banda.

En 2006, el Circo del Sol lanza un espectáculo permanente, «The Beatles Love». Está compuesto por múltiples coreografías y actuaciones de circo interpretadas con el telón de fondo de las canciones del grupo. Por ejemplo, en el escenario de *Lucy in the sky with diamonds* (1967), una trapecista (supuestamente la transposición de Lucy a la canción) interpreta una danza acrobática aérea. Este espectáculo es uno de los mayores éxitos en el mundo del entretenimiento. Además, las canciones de la banda a menudo han sido versionadas por otros.

Esta popularidad no parece que vaya a disminuir, ya que en 2009 sale un videojuego, llamado *The Beatles: Rock band*, que tiene un cierto éxito. Incluso entre los jóvenes de hoy en día, la banda parece estar disfrutando de cierta popularidad, ya que sus canciones todavía se descargan masivamente.

IMPACTO POLÍTICO Y ECONÓMICO LOCAL

Los Beatles se posicionan en contra de la participación británica en la guerra de Vietnam en el movimiento *hippie*. En 1969, Lennon llega incluso a devolver su MBE a la reina de Inglaterra, como protesta contra la implicación británica en el Sudeste Asiático en particular.

Aunque las canciones de los Beatles procuran no expresar con demasiada frecuencia sus opiniones políticas, canciones como *Piggies* (1968) contienen críticas contra la clase dominante, mientras que otras como *Revolution* (1968) invitan a la reflexión sobre las diferentes revoluciones políticas del mundo de la época.

Los Beatles también se comprometen a luchar

a su manera contra la segregación racial, que por aquel entonces está en vigor en los Estados Unidos y en Sudáfrica. Por ejemplo, siempre se niegan a tocar en este último país con el objetivo de demostrar la necesidad de castigar el *apartheid*. En enero de 1970, Lennon realiza una donación a la comunidad negra de Londres. Todos estos gestos pudieron, de una u otra manera, influir o hacer reflexionar a los fans de la banda.

Por último, en cuanto a las repercusiones económicas, es interesante pensar en el caso de la ciudad natal del grupo, Liverpool. Gracias a su notoriedad y al hecho de que todo el mundo sabía de dónde provenían los Fab Four, la ciudad ha podido beneficiarse de los efectos económicos del fenómeno a largo plazo.

En 2016, el 1 % de los empleos de la ciudad estaban directa o indirectamente relacionados con los Beatles. Desde 1990 se les dedica un museo, mientras que los lugares míticos por sus canciones (o por el hecho de que hayan pasado por allí), como el Cavern Club, Penny Lane, Strawberry Field o las casas de la infancia de Paul o de John, pueden recorrerse en visitas organizadas. En 2007, un hotel temático, el Hard Day's Night, abre sus puertas en la ciudad. Finalmente, cada año en agosto se celebra el Festival Internacional Beatleweek, durante el cual decenas de bandas de diferentes países interpretan los éxitos de John, Paul, George y Ringo frente a miles de fans. Evidentemente, todo esto no está exento de consecuencias económicas para la ciudad portuaria.

EN RESUMEN

- Los Beatles son un grupo de música británico de Liverpool. La formación definitiva está compuesta por John Lennon, Paul McCartney, George Harrison y Ringo Starr. Su carrera comienza realmente en 1962 con la grabación y el lanzamiento de su primer sencillo, *Love me do*.
- Con el lanzamiento de sus dos primeros discos y su primer debut exitoso en los Estados Unidos (a principios de 1964), abren las puertas del país americano a la invasión británica. Los Beatles ven cómo se desata a su alrededor una verdadera locura que la prensa británica no tarda en llamar «Beatlemanía».
- Los años 1964-1965 son agotadores para los Beatles, que ya son muy productivos: editan cuatro álbumes, ruedan dos películas y recorren el mundo con sus giras. Sin embargo, a medida que aumenta su popularidad, los conciertos y las giras se realizan en condiciones más difíciles, ya que los gritos de las chicas hacen que la música sea inaudible en un momento en el que las técnicas de sonorización

están comenzando a desarrollarse. Además, los cuatro músicos son asaltados por hordas de seguidores dondequiera que vayan.

- Por lo tanto, en 1966, la banda decide dejar de hacer giras. Los Beatles pasan ahora la mayor parte de su tiempo en el estudio. Pueden dedicarse únicamente a componer canciones, e innovan al integrar nuevos sonidos y técnicas de grabación. Sus letras hablan menos de amor y chicas y se vuelven más profundas.

- La banda descubre y prueba varias drogas, que influirán en su música. Sin embargo, no hacen apología del uso de estupefacientes abiertamente.

- Durante un tiempo, los Beatles toman el camino del psicodelismo. De hecho, los jóvenes de la época consideran el álbum *Sgt. Pepper's Lonely Hearts Club Band* un himno. Los Beatles se unirán a las ideas del movimiento *hippie*. Al hacerlo, contribuyen a la toma de conciencia del movimiento y de su filosofía de vida en todo el mundo.

- Aunque continúan produciendo un excelente trabajo conjunto, a partir de 1968 aparecen tensiones dentro del grupo, entre otras cosas relacionadas con la llegada de Yoko Ono a un mundo que antes solo compartían los cuatro músicos. Estas tensiones socavan su deseo de tocar juntos, y sus vínculos se debilitan. En 1970, la separación del grupo es oficial e irremediable.

- El mundo en 1970 no es el mismo que en 1960. Lo mismo pasa con los Beatles, que han pasado de ser jóvenes pulcros con un aspecto impecable, galantes, a hombres con un aspecto más relajado y poco convencional, y que cantan canciones cada vez más comprometidas y reflexivas. La música de los Beatles es inseparable de la de los años sesenta. La banda, que se hace famosa a principios de los 60 y que se separa en 1970 nace, crece y muere durante esa década. Con su música, logran conquistar el mundo entero y tienen un impacto duradero en la sociedad y en la industria discográfica. Con su música, se convierten en la banda sonora de los años sesenta.

¡Tu opinión nos interesa!
*¡Deja un comentario en la página web de tu
librería en línea,
y comparte tus favoritos en las redes sociales!*

PARA IR MÁS ALLÁ

FUENTES BIBLIOGRÁFICAS

- Guesdon, Jean-Michel y Philippe Margotin. 2013. *Les Beatles: la Totale*. París: Éditions du Chêne-EPA.

- Howlett, Kevin. 2012. *The Beatles*. Londres: Apple Corps Ltd.

- Weill, Claude. 2011. "Les années 60: dix ans qui ont changé le monde". *L'Obs*. 21 de diciembre. Consultado el 8 de noviembre de 2017. http://tempsreel.nouvelobs.com/le-dossier-de-l-obs/20111221.OBS7280/les-annees-60-dix-ans-qui-ont-change-le-monde.html

- Miles, Barry. 2011. *The Beatles. Un phénomène en mots, en images et en musique*. Verceil: White Star.

- Plassat, François. 2011. *The Beatles discomania*. París: JBz & Cie.

- The Beatles. 2000. *The Beatles Anthology*. París: Seuil.

- Tillery, Gary. 2011. *George Harrison le mystique*. Montreal: Le Jour.

FUENTES COMPLEMENTARIAS

- Camero, Francisco. 2009. "John Lennon en claroscuro". *Diario de Sevilla*. 3 de enero. Consultado el 8 de noviembre de 2017. http://www.diariodesevilla.es/ocio/John-Lennon-claroscuro_0_329367679.html

- Cinco días. 2011. "Los países pobres aplauden, los ricos sacuden sus joyas". 10 de diciembre. *El País*. Consultado el 8 de noviembre de 2017. https://cincodias.elpais.com/cincodias/2011/12/10/mercados/1323482504_850215.html

- Davies, Hunter. 2004. *Les Beatles. La biographie.* París: Le Cherche Midi.

- Hill, Tim. 2008. *The Beatles. Quatre garçons dans le vent.* París: Place des Victoires.

- Ichbiah, Daniel. 2009. *Et Dieu créa les Beatles.* París: Les Cahiers de l'info.

- Larousse, "Guerre du Viêt Nam". Consultado el 8 de noviembre de 2017. http://www.larousse.fr/encyclopedie/divers/guerre_du_Vi%C3%AAt_Nam/148881

- Miles, Barry. 2004. *Paul McCartney: Many Years From Now. Les Beatles, les sixties et moi.* París: Flammarion.

- Stark, Steven. 2007. *Les Beatles. Histoire d'un mythe incarné.* París: Buchet/Chastel.

- Turner, Steve. 1999. *L'intégrale des Beatles*. Les secrets de toutes leurs chansons. París: Hors Collection.

DOCUMENTAL

- *The Beatles Anthology*. Producido por Neil Aspinall y Chips Chipperfield. Gran Bretaña: EMI Records, 2003.

MONUMENTOS CONMEMORATIVOS

- En Liverpool:

  - Muchos de los lugares que los Beatles han visitado y/o de los que han hablado en sus canciones, como Penny Lane, el Cavern Club, las casas de infancia de la Paul McCartney o de John Lennon, pueden visitarse dentro de un circuito organizado.
  - Un museo dedicado a los Beatles, The Beatles Story, se inaugura en 1990 en el Albert Dock.
  - En 2002, el aeropuerto de Liverpool se convierte en el Aeropuerto de Liverpool-John Lennon.
  - En 2015, se inaugura un conjunto de cuatro

estatuas de bronce que representan a los cuatro miembros del grupo, obra del escultor Andy Edwards, en la ribera del río Mersey, que atraviesa la ciudad portuaria.

- En Hamburgo:

  ○ La Beatles-Platz se inaugura en septiembre de 2008 cerca de los clubes donde los Beatles solían tocar entre 1960 y 1962.
  ○ En el centro de esta plaza hay cinco estatuas que representan a John Lennon, Paul McCartney, George Harrison, Pete Best y Stuart Sutcliffe, ya que estos dos últimos formaban parte del grupo cuando los Beatles actuaban en la ciudad alemana.

- En otros lugares:

  ○ Existen estatuas y museos dedicados a los Beatles en muchas otras partes del mundo, como Rusia, los Estados Unidos, Italia, Polonia, Perú y Mongolia.
  ○ Los cuatro beatles tienen dos estrellas en

el famoso Paseo de la Fama de Hollywood, en Los Ángeles. Una existe para celebrarlos como miembros de la banda, mientras que la otra honra sus respectivas carreras como solistas.

FUENTES ICONOGRÁFICAS

- Los Beatles en el aeropuerto Kennedy, el 7 de febrero de 1964. La imagen reproducida está libre de derechos.

- Vinilo de los Beatles *Introducing... the Beatles*, 1964 (Estados Unidos). La imagen reproducida está libre de derechos.

- John Lennon y Yoko Ono en Ámsterdam, marzo de 1969. © Joost Evers/Anefo.

- Portada del álbum blanco, 1968. La imagen reproducida está libre de derechos.

www.50Minutos.es

ISBN ebook: 9782808004169

ISBN papel: 9782808004176

Depósito legal: D/2017/12603/738

Libro realizado por Primento*, el socio digital de los editores*